原來
我真的很棒

YOU'RE A STAR
A CHILD'S GUIDE TO SELF-ESTEEM

波比·歐尼爾 Poppy O'Neill——著

葉妍伶——譯

You're a Star

目錄
Contents

Part 1 　什麼是自我價值？

Part 4　照顧自己

Part 5　計畫未來

Foreword
推薦序

亞曼達・艾胥曼—溫布斯
（Amanda Ashman-Wymbs）
英國輔導及心理治療協會合格
認證之心理治療師與諮詢師

　　在我撫養兩個女兒長大，以及為許多小朋友提供諮詢治療的過程中，我很清楚「自我價值」的議題如何強烈地影響現代小朋友的健康與幸福。讓孩子覺察並理解他們的內心世界，找到方法和工具來和自己建立或重新建立健康的關係非常重要，這可以支持他們的日常生活體驗，也能讓他們建立健康的模式，銜接青春期與成人生活。

　　波比・歐尼爾（Poppy O'Neill）所著的《原來我真的很棒：讓孩子長出自信、喜歡上學、順利交到朋友的 29 種塗寫練習》是一本出色的練習本，文字淺顯易懂，又有可愛的角色、有趣的活動可以吸引孩子，協助他們理解自我價值。這本書中穿插了許多活動，讓孩子可以覺察到情緒，並在思考的過程中給他們力量和信心，把視線和注意力都聚焦於自己所具備的優勢與資源，並且支持他們一小步、一小步地嘗試以前沒做過的行為，讓他們的恐懼和緊張都可防、可控。這本書協助孩子理解、重視自己與別人的獨特之處，支持他們分辨真正的友誼與虛偽的人際關係。本書探討了身體形象等重要的議題，也提到健康的生活方式對幸福有多麼重要。書中還教孩子認識冥想與正念，透過身體和感官直接連結當下的體驗，讓孩子學會如何輕鬆地體會內在具備的平靜與喜悅。

　　我非常推薦家長以這本書作為工具，來支持孩子更了解自己，讓他們有足夠的信心和自我價值可以突破難關，綻放屬於他們的光芒。

給家長和照護者的指南

 ## 不是只有你這樣

　　這本實用的指南，結合兒童心理學家使用的認知行為療法與簡單的活動，來幫助你的孩子建立自我價值。你或許觀察到自己的孩子比其他小孩拘謹，或是他們會因為覺得自己「不夠厲害」就不願意參加某些活動。有時候，不管你怎麼鼓勵都沒用，你就是沒辦法讓他們相信自己，這就是自我價值感作祟──跟別人怎麼看待你無關，是你怎麼看待自己。

　　本書針對七至十一歲的孩子──這個年齡區間有很多經歷都會衝擊孩子的自我價值感，而且這個影響會延續到未來的好幾年。他們在這個階段會建立緊密的友誼、第一次在考試的過程中測驗自己的知識和技能、更加覺察自己的身體並開始比較自己和別人的魅力。他們可能也會開始運用社交媒體，首度面臨同儕壓力，開始體驗青春期初期的變化與情緒震盪。所以如果他們在成長的挑戰中掙扎，其實也不讓人意外，只是有些孩子的自我價值可能就會因此受到了影響。

　　如果你覺得你的孩子可能因為自我價值感低落而受挫，請放心，不是只有你們這樣。

自我價值感低落的徵兆

要判斷孩子的自我價值感高低，可以看看他們有沒有這些現象。孩子開始和周遭的世界建立連結時，有些孩子會持續表現出這些行為，有些孩子只會在特定狀況下才有這些徵兆：

- 他們會批評自己，會說「這我不擅長」或是「別人都比我厲害」之類的話。
- 他們認為自己會失敗，所以迴避挑戰。
- 他們沒辦法好好接受別人的讚美或批評，對別人看待自己的想法特別敏感。
- 他們對學校和成功沒興趣，因為他們覺得自己「比不上」同儕。
- 他們在經歷情緒起伏。
- 他們受到同儕壓力影響甚鉅。
- 他們出現明顯的控制慾，想要掩飾無力感和低自我價值感。

寫日記可以協助你觀察自己在不同時間點注意到的行為，這樣當有特定的議題浮現出來，像是他們在抗拒某個活動或有人讓孩子情緒低落等等，你就能做好準備來協助孩子。

請記得這個重點：協助孩子提升自我價值感，永遠都不會太遲。

♛ 談一談

你對孩子說的話──還有說話的方式──對於他們如何看待自己都會有重大的影響。當孩子自我價值感低落，有時候你會覺得自己好像應該要多誇獎他們，來提振他們的精神，可是太常因為瑣碎的成就讚美小孩可能會導致他們為了讓自己好過，就降低標準。

大家一定要知道，靠過分讚美來補償孩子的低自我價值感，不會讓狀況變好。要解決問題，你必須找到原因，並且準確地找出議題：在狀況出現的時候和孩子溝通，談談這個議題。他們是不是覺得數學很難？班上有沒有人對孩子態度很惡劣？還是他們覺得自己的魅力不如人？讓他們表達自己的感受，協助孩子採取正面積極的步驟，開始解決問題。提供支持，當他們的靠山，引導他們面對問題，協助他們找到解決方式。你的孩子需要學會如何處理問題，掌握問題帶來的負面感受，才能成長為有自信且自我價值感健康的人。

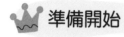 準備開始

　　引導你的孩子完成本書中的活動，可以一次只做一個練習，或者每週一次、每隔幾天一次也可以。讓你的孩子自行決定進度並獨立完成活動——這很重要，因為透過培養孩子的獨立性，同時也是在幫助他們建立自尊心。這些活動旨在讓他們為自己思考，並藉由幫助他們認識和欣賞自己的優點、獨特之處以及使他們特別的事物，來提高他們的自尊心。當孩子對自己感覺良好時，他們能夠更好地應對日常生活中的挑戰。讓孩子意識到你給他們的支持，並幫助他們學習獨立處理問題的好習慣，然後看著他們的自尊心飛揚起來。

　　希望本書對你和你的孩子有所幫助，讓你更了解自尊心是什麼，以及如何增強自我價值感和自信心。然而，如果你對孩子的心理健康有任何擔憂，而這些擔憂在本書中未得到解答的話，可以向專業醫療人員尋求進一步的建議。

如何使用這本書：
給孩子的指南

如果你經常……

★ 覺得自己跟別人相比還不夠好。

★ 認為自己做得不夠好或在某些事情上會失敗。

★ 不想全力以赴。

★ 因為擔心事情會出錯，而錯過有趣的活動。

那麼這本書會很適合你！

如果這些情況有時候會發生在你身上，甚至一直都存在，那麼這本書將提供給你幫助。你對自己的感受是可以改變的，而且你有能力將它改變得更好！在本書中，你可以找到一些新點子來引導你，還有一些練習活動，可以幫助你以正面的方式看待自己，讓你變得更加勇敢和更有自信。

在這本書中，可能會有一些讓你想和你值得信任的大人討論的事情。這個人可以是你的父母、照顧者、老師、大哥哥、大姊姊、祖父母、舅舅、阿姨、鄰居等等，或是其他你熟悉並願意交談的成年人。

你可以按照自己的節奏來閱讀這本書，不需要著急。這本書是關於你的一切，所以沒有錯誤的答案！你是你自己的專家，而這本書是將所有事情寫下來的完美所在。

你準備好了嗎？那麼讓我們開始吧！

認識小怪獸波波

哈囉！我是波波，我會引導你完成這本書中各種活動和遊戲，也會陪你一起閱讀書中許多充實的概念。我們馬上開始吧！

Part 1

什麼是自我價值？

 ## 你覺得自己怎麼樣？

　　或許你從來沒想過這個問題，不過呢，有時候花點時間來想一想，會對你很有幫助哦！你也可能聽過許多人（尤其是大人）提到所謂的「自我價值」。

　　自我價值看不到也摸不到，可是你感覺得出來，而且自我價值有強大的力量。那到底自我價值是什麼？自我價值就是你對自己的感覺，你的自我價值感可能很高也可能很低，就看你感覺如何。如果你感覺自己很不錯，你對自己的能力有信心，那就是你的自我價值感還算高。如果你覺得自己很差勁，而且對自己的能力沒信心，那就是自我價值感低落。

　　大家偶爾都會覺得自己不怎麼樣，這很正常，不過當你有這種感覺的時候，應該去想想你為什麼感覺不是很好，去解決這個問題，讓自己再開心起來。不過，有時候說的比做的簡單，但這本書會協助你找到不同的方式來保持好心情，還會教你怎麼處理讓你不開心的事情。

活動 關於我的一切

我們先來多認識你一點，包括你喜歡什麼、不喜歡什麼。請你在下面的空白處填上答案：

我的名字是…

若要用三個形容詞來描述我，那就是…

我長大以後要…

我很擅長…

我的家庭成員有…

要找樂子的時候，我喜歡…

活動 哪些事情我很棒！

就算是心情低落的時候，你也還是獨一無二的，這個活動希望你為自己的獨特之處加油打氣。請你在每個泡泡裡寫下或畫出你很擅長的事情、你喜歡自己的地方：

我是被愛著的

活動　我的寶箱

　　哪些東西對你很重要？請把你愛的人、你喜歡的活動和你曾經認真完成的事都寫下來或畫出來：

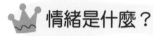 情緒是什麼？

「情緒」也可以稱為感受，最主要的四種情緒是：

★ 快樂　　　　　　　★ 恐懼

★ 悲傷　　　　　　　★ 憤怒

不過在這四種之外還有很多不同的情緒！我們的身體會感受到情緒，有些情緒很微小、很安靜，有些情緒很沉重、很吵雜。有些讓我們感覺很好，有些則讓我們覺得很糟糕。

每個人都有感受，儘管大家不見得會表現出來。

當你感受到情緒時，可能會覺得情緒控制了你全身上下，讓你產生不太好的感受和想法。

不管你感受到哪一種情緒，都沒關係，就算是悲傷或恐懼也一樣。感受會隨時變化，不會持續好幾年。就像浮雲飄過天空一樣，身體的感受也會逐漸消退。

活動 你現在覺得怎麼樣？

　　你可不可以想辦法描述或畫出你的感受？或許你可以把感受想像成是一種天氣（可能是晴天、陰天或雨天）或一種形狀、一種顏色、一種動物甚至是外星人。用你覺得最適合的方式，把你的感受給描述或畫出來吧！

我覺得…

你把情緒畫出來了，現在你可不可以想像自己就坐在情緒旁邊？我們靜靜地觀察情緒、傾聽情緒，看看接下來會怎麼樣。

　　把情緒給描述或畫出來，可以協助你理解自己正在經歷的感受。如果你畫的圖很快樂，有個溫暖的大太陽，那你可能現在心情很好——如果是這樣，不妨翻到第73頁，啟用你的幸福罐吧！

　　如果你畫了有點不開心或讓人煩惱的圖，像是雷雨雲，那你可能此刻心情不是很好。這時候，就適合找個你信任的大人來聊聊你的感受。

活動　冥想

　　冥想可以讓你的腦子靜下來，你可以試試看透過冥想讓自己冷靜。你隨時隨地都可以冥想，如果家中有把舒服的椅子或戶外有個涼快的角落，那都很適合新手做為練習冥想的處所。

★ 定時五分鐘，或選一首讓你能放鬆的曲子（音樂結束的時候你就知道自己完成練習了）。

★ 舒服地坐著。

★ 閉上雙眼。

★ 專心深呼吸，觀察每次吸氣、吐氣的感覺。不要憋氣，只要慢慢地用鼻子吸氣，再緩緩地從鼻子吐氣──同時聽著自己呼吸的聲音。重點是，當你專心於吸氣吐氣的聲音和感受，你的腦子就沒有時間想著其他事。

★ 如果有其他念頭跑進腦袋裡，別擔心，只要把意念帶回呼吸，再專心吸氣、吐氣。

★ 時間到或音樂結束的時候，慢慢睜開眼睛。

冥想帶給你什麼感覺呢？把你的感受圈起來或著色：

愉快

放鬆　　　　　　　　　　　　　　　無聊

擔心

好奇　　　愚蠢　　　　　　　　　平靜

難過

飢餓　　　　　　　　　想睡

★ 剛開始，冥想的感覺可能會怪怪的，但只要你持續練習，你就會
發現這是個很有用的方法，能協助你冷靜下來。

我可以深呼吸

自我價值高低該怎麼判斷？

自我價值高的感覺像這樣：

★ 心情快樂。

★ 肯定自己的好。

★ 相信自己。

★ 期待美好的未來。

★ 享受你周遭的環境。

★ 感覺精神飽滿、充滿希望。

★ 相信自己有能力改變生活。

★ 願意和其他人交流。

★ 好事發生的時候，不管是多小的事都會很開心。

★ 找方法把事情做好。

★ 會鼓勵其他人。

★ 尊重別人和自己的不同之處。

★ 接納自己會犯錯，而且能從錯誤中學習。

自我價值低落的感覺像這樣：

★ 心情不好。

★ 感覺自己沒有別人優秀。

★ 對自己沒信心。

★ 對未來沒希望。

★ 看到周遭的壞事。

★ 感覺壞事會發生在自己身上。

★ 大部分的時間都感覺累累的。

★ 呆坐著，不會積極認真做事。

★ 就算聽到別人稱讚自己也聽不進去，還是會貶低自己。

★ 凡事都只看到最糟糕的那一面。

★ 不尊重自己。

活動 你的自我價值有多高

每個人的自我價值感都不一樣，有時候會因為自己的感受或當下你在進行的活動而有高有低。

此刻，你的自我價值有多高呢？請在下方用箭頭標示出來：

我可以說出
我的感受

Part 2

提升自我價值

　　我們已經知道自我價值高和低的時候是什麼感覺,接下來,我們來看看要怎麼把低自我價值感丟進垃圾桶裡,開始學會欣賞自己、肯定自己吧!

低自我價值感

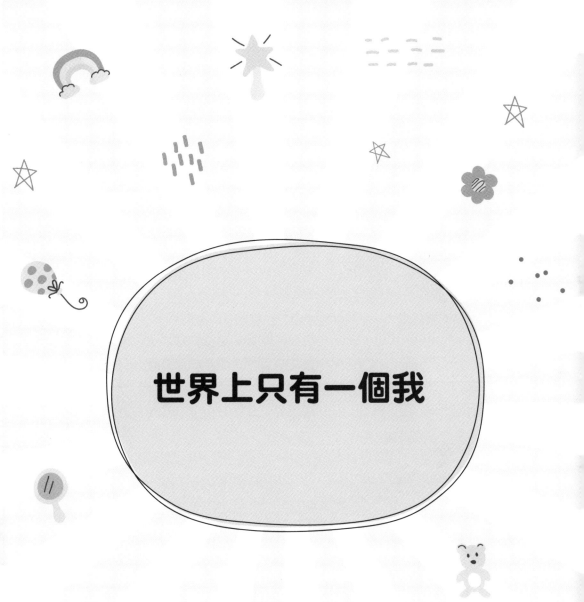

世界上只有一個我

每個人都會因為不同的事情而感覺自我價值高或低，把你的原因寫下來或畫出來──你想寫多少都可以。

自我價值感高：哪些事情會讓我覺得心情很好？

像是：和好朋友在一起的時候、騎單車的時候。

這些事情你可不可以每天挑一件來做呢？

活動　哪些事情讓你心情不好？

自我價值感低：哪些事情會讓我覺得自己不是很好？

像是：被冷落、遇到很難的學科。

　　有些事情偶爾會讓我們感覺到自我價值低落，這很正常。請繼續保持前進──我們將在下一章討論如何克服這些感覺。

活動 傾聽你的想法

你此刻正在想什麼？花點時間觀察腦中的想法。試著把你的想法寫下來：

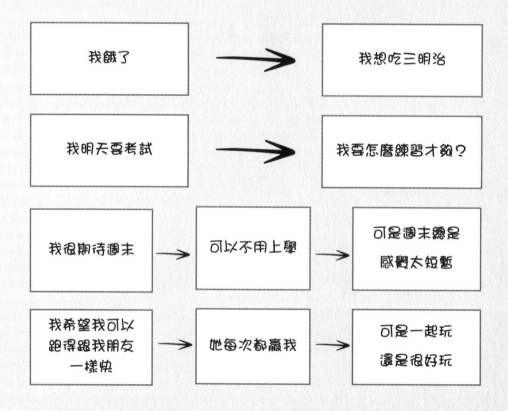

有時候，光是把念頭寫下來，你的心情就會好很多。就像是你把這些想法從腦中移到了紙上。你寫出來之後，可以保留下來、給你信任的人看或是揉成一團丟進垃圾桶裡。

我可以求助

正念

正念是一種起源於佛教的靈性活動,要專心注意當下在發生的事,以及我們此刻的感受。

專注當下可以讓我們更冷靜,在面對沉重、複雜的感受時,這是個很好的方法。許多人每天都會將正念落實在生活中,如果你感覺到自我價值低落,正念可以協助你找回內心平和、冷靜淡定、無拘無束的感覺。

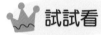 ## 試試看

你隨時都可以練習正念！只要花點時間留意周遭、觀察你在想什麼、你有什麼感覺。

你可以從以下的步驟開始練習：

> ★閉上雙眼，把一隻手放在肚子上，深呼吸，感覺自己的手跟著呼吸起伏。

> ★當你在吃飯的時候，試著觀察每一口的味道和口感，體會食物在舌尖的感覺。注意你的肚子在吃完飯之後有什麼感覺。

★下雨的時候，花點時間感受雨滴落在皮膚上。感覺涼涼的嗎？雨滴又大又圓，還是一絲一絲、細細的、讓人感覺癢癢的？

★光腳，把注意力集中在腳下的地面或地板。你能感受到地面或地板的觸感嗎？是溫溫的還是冷冷的？是軟軟的還是硬硬的？你可以用其他方式來描述嗎？

　　希望這些活動能協助你冷靜，讓你更能掌握你的情緒。正念就和其他活動一樣，愈練習就會愈容易、愈有效果！

想法就只是想法
——不是事實

提升自我價值

自我價值低落的時候，你可以怎麼做？

★ 不管外頭天氣如何，盡量到戶外走走：觀察樹怎麼動、嗅嗅空氣
　　的味道、跳水坑、撿幾片特別的落葉。

★ 微笑——就算是你現在心情不好也無妨，科學家說微笑能讓你的
　　心情好起來。

★ 把你的書本，按照書名或封面顏色重新排列。

★ 跟家長或你的照護者一起去公園。

★ 美勞創作——你可以畫圖、著色或拼貼，玩拼豆、
　　拿粉筆或剪厚紙板——運用你的想像力！

★ 做運動，像是開合跳或騎單車。

★ 聽點愉快或放鬆的音樂。

★ 畫圖。

★ 閱讀。

我們都不一樣！

地球上的每個人類都不一樣，我們吃的早餐不一樣，最害怕的東西也不一樣，世界上沒有兩個一模一樣的人。

有些差異之處你看得到，有些差異之處你看不到。

大部分能從外在觀察到的差異，都沒辦法讓我們理解別人的內在。波波長得毛茸茸的，但這並不代表他和其他毛茸茸的怪獸有一樣的想法。

有些差異感覺很大，因為我們可以很清楚地看出差別。

男生和女生、有雀斑和沒雀斑的人、有身心障礙和沒有身心障礙的人、捲髮和直髮的人——我們的身體外觀都有點不同，不過如此而已。每個人都有獨特的方法來做自己。

活動　你的朋友

　　請你在心中想一個好朋友——你和他們有什麼相同之處？有什麼不同之處？像是：髮色、喜歡的電視節目、最擅長的學科，把這些寫下來或畫出來：

如何辨識出真正的朋友？

真正的朋友最棒了！他們是我們在這世界上最喜歡相處的人。不過，有時候，有些人自稱是我們的朋友，但你可能不喜歡花時間和他們在一起，有些人甚至會欺負你。

就算他們喜歡花時間和你在一起，而且自稱是你的朋友，那也不見得是事實！假裝的朋友就像偽裝的霸凌。自我價值感低落表示有時候我們忍受了別人不友善的對待，而他們明明應該是我們的朋友啊，請記得：你不需要和那些對你不友善的人在一起，若有人讓你覺得自己很糟糕，你也不需要花時間在他們身上。

真正的朋友：

★會聽你説話。

★會友善地和你對話。

★會挺你。

★什麼事情都會想到你。

假裝的朋友：

★會忽略你、冷落你。

★會排擠你。

★會傷害你。

★會欺負你或讓你難堪。

重點

★如果你被霸凌了，請記得：這不是你的錯。請你找個信任的大人，説出你的經歷。你很重要，你值得被尊重。

活動　我是哪種朋友

　　身邊有好朋友可以協助我們提升自我價值，若你能記得自己也是個很棒的朋友，也會提升自我價值感！

　　請在空白的勳章上寫下你的好友事蹟，像是「我很願意傾聽」，然後（小心地）把勳章剪下來，裝飾在你的日記本上，或貼在厚紙卡再加上別針，就可以佩戴在身上了！

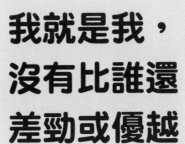

我就是我，
沒有比誰還
差勁或優越

出去比進去好

★ 念頭往往會塞滿我們的腦袋，有時候很吵，尤其是腦中還有其他
事情需要我們注意的時候！

★ 每次有這些煩雜的想法就寫下來，這些念頭只要寫進筆記本裡，
就會離開腦袋了。

你很讚：我們來提醒自己為什麼你很讚吧！

你能完成這些句子嗎？

當我＿＿＿＿＿＿＿＿＿＿＿＿＿＿＿＿，我很以自己為榮。

我今天把＿＿＿＿＿＿＿＿＿＿＿＿＿做得很好。

我很期待＿＿＿＿＿＿＿＿＿＿＿＿＿＿＿＿。

當我＿＿＿＿＿＿＿＿＿＿＿＿＿＿，我很樂在其中。

 ## 哪些事情會影響我的自我價值？

我們接下來要討論如何掌控不快樂的念頭，在那之前，先來深入理解自我價值的運作方式。很多事情都會影響自我價值，包括：

★ 過去的經驗可能留給你快樂或難過的回憶（像是愉快的假期或你被欺負的經歷）。

★ 別人的行為或言語（像是老師說你的作業「寫得很好」或是朋友冷落你）。

★ 我們自己的想法（像是你覺得「我做得到！」或「這太難了，我不敢嘗試」）。

 ## 我要怎麼解決自我價值低落的問題？

我們要改變思考方式，換個思維來看待自己和周遭的世界，這樣就能提升自我價值。如果你開始用更正面、積極的角度思考，你就會感覺更加正面。

我會盡力而為

自我價值從哪兒來？

自我價值來自於你的內在。高自我價值感表示就算你碰到了難過、沮喪的事情，還是選擇相信自己。

低自我價值感表示你會用負面的方式看待自己，就算有好事降臨也沒辦法好好享受。

你能不能幫忙想想看，波波的自我價值是怎麼來的？

老師請波波站起來，大聲地把故事唸出來給全班同學聽，波波很擔心自己會唸錯。

如果波波自我價值感夠高，他的念頭就會像這樣：

如果有人笑我或說我笨，那是因為他們很惡劣，不是因為我笨。

我還是可以盡力，或許我還會樂在其中。

沒關係，每個人都會犯錯。

我可能會唸錯，覺得很丟臉。

如果波波覺得自我價值感低落，波波可能會這樣想：

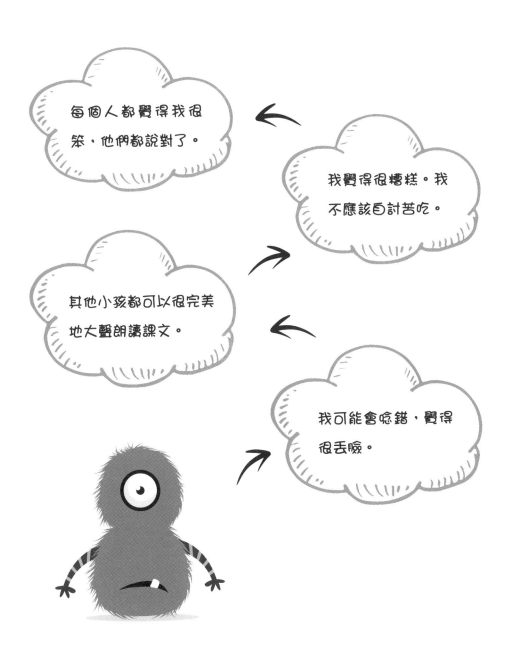

波波很擔心自己唸錯，其他小朋友會笑他……波波不想唸課文！波波現在自我價值感低落。

波波低落的自我價值感是哪來的呢？是不是來自於：

⭐ **A.** 波波的老師

⭐ **B.** 其他小朋友

⭐ **C.** 波波對情況的理解與想像

答案是C！波波感覺很糟糕，不敢勇於嘗試，是因為波波想像有許多壞事將會一觸即發。

那我們要怎麼提升波波的自我價值感？

A. 永遠都不要請波波在班上唸課文

B. 把襪子塞進其他小朋友的嘴裡，這樣他們就沒辦法嘲笑波波了

C. 改變波波對於朗讀課文的想法與感受

這裡的答案也是C！如果波波完全不唸課文，他的自我價值感就沒機會成長了。他的自我價值感會一直這麼低，甚至更低。還有，把襪子塞到其他小朋友的嘴裡很惡劣！

我們要在下一章探討怎麼提升自我價值感，讓我們改變自己的想法、感受和行動，來維持高自我價值感。

Part 3

控制不開心的念頭

我們腦中都會有個小小的聲音，告訴我們一些關於自己的事情。當你的自我價值感夠高，這個小小的聲音就很溫柔、很公正。但如果你的自我價值感低落，這個聲音就很刻薄，並使我們誤會自己。

你有力量來改變這個小聲音對你說話的方式。

我有哪些不開心的念頭？

要打擊不開心的念頭，第一步就是要搞清楚你有哪些不開心的念頭。

這裡有張表，列出了各種讓人不開心的想法——如果你相信你是這樣的人就打勾：

不開心的念頭	
沒人喜歡我	☐
我是個無聊無趣的人	☐
我很醜	☐
我總是失敗	☐
壞事總是發生在我身上	☐
我要很完美才會快樂	☐
如果大家認識我，他們就不會喜歡我	☐
我是個糟糕的人	☐

我們現在要來當偵探。從上一頁你勾選的念頭中挑選一個，我們要來找出事實，證明這念頭是錯的！

要進行這個活動，你可以問自己這些問題：

- 我有善待自己嗎？例如：若你要求自己完美，那你並沒有在善待自己。

- 這樣想對我有幫助嗎？例如：在嘗試之前就認定自己會失敗，這種念頭對我沒幫助。

- 這念頭有可能是真的嗎？例如：我每個朋友私底下都很討厭我，這不太可能。

- 這念頭有事實根據嗎？例如：「我很醜」這不是事實。

- 哪些事實可以證明這念頭錯了？

- 我會對最要好的朋友說什麼？

你可以用這樣的表格把你的調查寫出來：

念頭	證明這是錯的！	這念頭對嗎？
我是個無聊無趣的人	我有好朋友，他們都喜歡花時間和我相處	不對！

有時候我會難過，
但是，沒關係，
我可以做點什麼來
改變我的心情

過去的經驗

有時候不開心的念頭會忽然憑空冒出來，有時候則來自過去的經驗。

如果你以前曾經嘗試過的事情，過程並不順利，你可能會認為同樣的情形還會再發生，那就很難有勇氣再試一次。

事實上，沒有人做每件事情都是第一次就做對。每個人都是從新手開始，只要你練習愈多次，就會愈來愈輕鬆、愈來愈有趣。

如何回應不開心的念頭

不開心的念頭其實可以轉化成充滿希望的想法，你只要學了就會！

不開心的念頭可能隨時會冒出來，毀了你這一整天的心情，所以我們要學著去打敗它們。你可以利用正面的自我對話，將它們翻轉成充滿希望的想法！

你準備好了嗎？

想法打結了

當我們的大腦用慌張的感覺和混亂的想法來回應不好的感受時，就會發展出低落的自我價值感，這稱為**思考誤區**，而思考誤區有很多種……

波波有些想法打結了，這些念頭都攪和在一起了：

不對就毀了：如果有件事不完美，我就失敗得很澈底。

太以偏概全：如果有件事情不對勁，那全部的事都會搞砸。

只往壞處想：如果有件事情不對勁，儘管其他事情都很順利，我還是會只想著出錯的那一件事。

以為能預知：我知道我會失敗。

以為能讀心：我知道每個人都覺得我很糟糕。

災難將近了：一個錯誤就會毀了一切。

小題卻大作：我不喜歡自己的那個部分就是對我來說最重大的事，至於那些我喜歡自己的部分都不重要。

負面的比較：我的朋友在每一方面都比我好。

過高的期望：我應該做每件事都完美無暇。

動不動自責：每件事都出錯了，這都是我的問題。

常責怪別人：如果其他人對我好一點，我就會變得更好。

洩自己的氣：我很廢。

感受當事實：我總覺得自己很醜，所以代表我一定長得很醜。

這些有沒有聽起來很像
你對自己說話時的那個小聲音呢？
把你熟悉的念頭圈起來。

當你看著
鏡中的自己，
記得對他說些好話

翻轉你的念頭！

每件事情並不只有一種看法，改變你的想法就能幫助你改變自我價值感。

- 小怪獸波波想學自行車特技，可是後來發現這很難。波波看到朋友呼嘯而過，玩得很開心，這時心想：*太蠢了！我永遠都沒辦法學會——我放棄！*

- 波波不敢嘗試，怕這個特技沒辦法馬上學會。波波沒看到朋友剛開始學的時候也是跌跌撞撞的。

- 波波可以選擇放棄，但就會錯過學習新事物的樂趣。

- 或者，波波可以把不開心的念頭翻轉為充滿希望的想法：*我可以繼續嘗試，如果有需要就請朋友幫我。*

把不開心的念頭翻轉成希望！

要把不開心的念頭翻轉成希望，祕訣就是：思考自己可以怎麼解決問題。我們可以練習這麼做：

我說出口的是……	我真正想的是……	翻轉念頭！
這很蠢	我不懂這件事	我可以請人幫忙
這很無聊	這可能有點棘手	我可以一次嘗試過一關
我辦不到	我怕我做不到	我可以盡力而為，也可以找人幫忙
我最不會這個了	我以前試過，結果不理想	我可以練習，每次練習都會愈來愈容易
這很花時間	這對我來說太辛苦了	我可以擬個計畫，慢慢完成
這太難了，我放棄！	我沒辦法現在就做得很完美，這讓我心情很差	我可以休息一下，等我冷靜下來再試一次

活動　充滿希望的想法

　　現在換你了！每當有個不開心的念頭要阻止你的行動時，你就寫在這兒。你能不能試著推敲看看為什麼自己會有這個念頭？你要怎麼翻轉成充滿希望的想法呢（別忘了你隨時可以回頭看前一頁，給自己一點協助）？

　　如果你困住了，不妨想像你最要好的朋友帶著這個問題來找你：那你會給他什麼建議？

我說出口的是……	我真正想的是……	翻轉念頭！

有時候
掙扎也沒關係，
擁有當下現在這些
感覺也沒關係

活動　化繁為簡

有時候，事情可能看起來很複雜，但是只要你把這件事情拆解成幾個小步驟，你就可以看得出來，其實這一切都是由更簡單的步驟累積成最終的結果。

就像你可以一步一步照著指示，把小怪獸波波給畫出來。

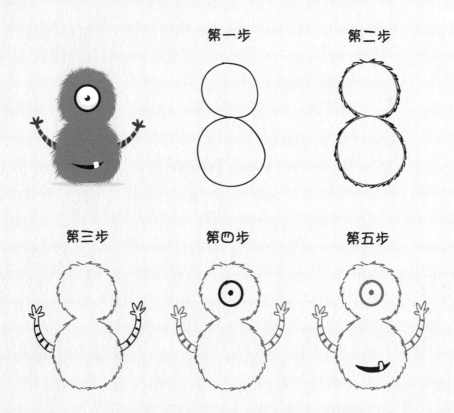

多數人在生活中都會碰到挑戰，讓我們覺得這些關卡太難了，像是複雜的加法或是讀完一本精采卻很厚的書。你能夠想出一些看起來很困難的事情，以及你要怎麼把這件事情拆解成簡單的步驟呢？

寫日記

★ 要一下子看到所有不開心的念頭很難，所以你可以寫感受日記看看。這可以是一本祕密手札，所以不用怕被別人看到，把所有的想法和感受都寫進去。每次寫日記，試著寫出一件正面的事情，如果你情緒很低落也別害怕，誠實地記錄吧！把事情寫下來可以讓你組織你的想法，特別是在你腦中有許多煩心事的時候。你可以請爸爸媽媽給你一本筆記本，不需要是有日期的日記本，但如果你想記錄日期的話，可以自己寫上去。

活動 幸福罐

　　哪些事情會讓你開心？我們可以在各種大小事裡感受到幸福，例如貝殼裡的海浪聲、一個特別的人擁抱了你一下、想起有趣的生日派對……。把讓你快樂的事情寫在紙上，寫愈多愈好！我們先從這兩張開始：

現在把紙片剪下來（要小心哦），對摺之後放進空罐子裡，或是你可以找個特別的盒子（你甚至可以按照自己的喜好來裝飾這個盒子）。每次有好事發生——無論大小——就寫下來放進罐子裡，和其他快樂的回憶一起存放。

只要你心情低落，就從罐子裡抽出一張紙，讓自己心情為之一振。

♛ 善待自己

萬事起頭難，剛開始練習正面思考也不容易。如果你發現自己有不開心的念頭，別氣餒，這不代表你失敗了。每個人都有不開心的念頭，就算是那些看起來總是很快樂、很有信心的人也一樣。每當負面的念頭冒出來，就當做是練習的機會，去翻轉成充滿希望的想法，如此一來，你會在不知不覺中，成為翻轉念頭的專家了。

讓負面的念頭像浮雲或泡泡一樣飄過，然後飄走。

♛ 改變你的行為

我們在特定的情況下會做出不同的動作反應，這些動作就叫做「行為」。為了保持高自我價值感，讓大腦和身體感覺良好，我們要學著去覺察「無益的行為」，然後改變它。當你能掌握你的想法和行為，就能掌握自我價值感。

無益的行為會降低你的自我價值感，我們要用不同的方式來改變這些無益的行為。

有些活動剛開始你可能不敢嘗試，可是每件事都可以拆解成小步驟，你可以依照自己的步調和節奏來進行。改變自我價值感不容易，也急不得，你已經做得很棒了，應該以自己為榮！

我可以調整我的思維

👑 一次一小步

要做原本不敢做的事情，關鍵就是一次一小步。波波想到要在班上大聲唸課文，就煩惱到肚子痛，所以波波把這項煩惱拆寫成幾個步驟，然後從小步驟開始：

- 第一，波波自己小聲唸書。剛開始可能不敢，因為這就是波波沒辦法大聲唸出來的那本書，可是自己小聲唸就沒那麼可怕。幾次之後，波波可以自在地自己小聲唸了。

- 接下來，波波自己唸，而且提高音量。剛開始可能會覺得怪怪的，可是馬上就覺得沒問題了。

- 波波請大人坐在旁邊聽他唸這本書。波波有幾個字唸不太出來，可是繼續唸下去，唸得很好！

- 波波想到要在班上大聲唸課文還是會煩惱，所以波波決定站在大人面前唸書。他有點不自在，所以換成坐著唸試試看，好一點兒了再站起來。

- 波波請老師聽他大聲唸書。在教室裡，波波坐在老師旁邊，有信心地唸出來。

- 現在波波準備好要大聲唸給全班聽了。波波還是有點緊張，所以先從一頁開始。波波以自己為榮！

波波的步驟

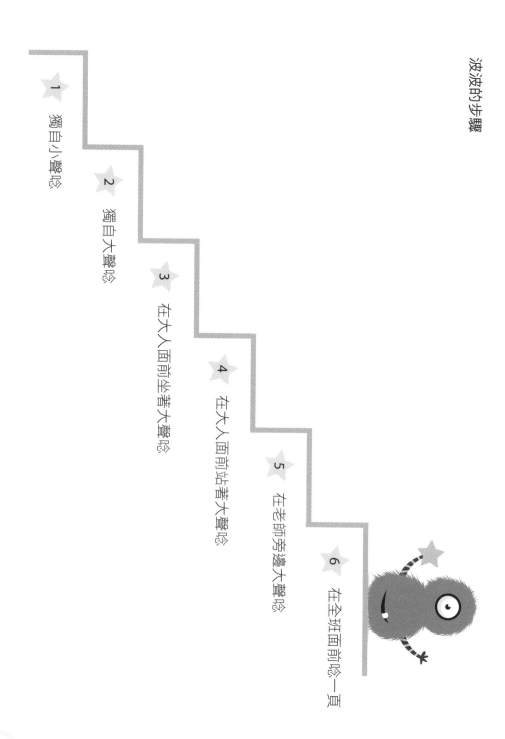

1 獨自小聲唸

2 獨自大聲唸

3 在大人面前坐著大聲唸

4 在大人面前站著大聲唸

5 在老師旁邊大聲唸

6 在全班面前唸一頁

活動 小步小步來

　　想想看，目前你所碰到的那個問題，能不能把解決的步驟給寫下來或畫出來？第一步要能讓你很自在。舉例來說，如果你想加入運動社團，你可以先在院子裡練習那項運動。

　　用下一頁的圖表來幫助你練習「小步小步來」。

　　請記得：只要你需要，你想在其中一個步驟上停留多久都可以。 如果你感到卡住了，可以請大人幫助你。

★不同的問題需要不同的解決方法，解決問題和提升自我價值感的
　關鍵在於「採取小步驟」。

我最好的狀態，
對我來說就是
最完美的

無益的行為

　　思考誤區會導致不開心的念頭，讓我們覺得自己很糟糕。為了要隱藏這些不好的感受，有時候我們會做出讓自己比較有安全感的行為，可是那些行為無法幫助我們培養自我價值感。接下來的這幾頁裡，我們列出了幾種無益的行為，也會告訴你要怎麼找到解決辦法。請你先看完這些行為後再跳到解決辦法。

迴避：因為這件事有難度，就躲起來或選擇不做。

蘿西想參加足球隊，可是她擔心自己還在學的過程中，其他小朋友會笑她，所以她選擇不進足球隊。

隱藏：不讓別人發現自己和其他人不一樣的地方。

尤瑟夫喜歡看書和寫詩。他覺得他的朋友若知道了一定會笑他，所以他把這些興趣當成祕密。

完美主義：每件事都想做得很完美。

艾力克斯週末都沒時間休息，因為他的閒暇時間都用來做功課和做家事。他覺得如果他沒有把每件事都做到超棒，那他的家人和朋友就不會喜歡他，而且他在學校就會墊底。

被動：一直想要滿足別人，就算是不想做的事也沒辦法說「不」，對自己不夠仁慈。

法拉讓朋友吃她的午餐，就算下午會挨餓也沒關係，她覺得這樣大家就會更喜歡她。

侵略性：對別人不友善或蠻橫不講理，來隱藏自己的低自我價值感。

斑斑在同學犯錯的時候笑得特別大聲，看到別人心情不好可以讓他感到開心。

想獲得注意：為了讓別人說你很好、關心你，或覺得你很有趣，所以做些危險的事讓別人注意你。

艾蜜莉說了一些關於自己和家人的事情，但都不是事實，她只是覺得這樣會讓她的人氣更高。她編出一些故事，跟同學說她週末的時候做了很刺激又很花錢的活動。

　　這樣的行為可能在當下會讓你覺得備受矚目、自我感覺良好，可是長期下來只會讓你感覺更差，因為這些行為沒辦法改變你的想法，你的感受還是很不好，你的自我價值也沒有機會成長。

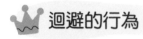 迴避的行為

如果你像蘿西一樣，因為恐懼而選擇待在家裡，迴避參加活動，那麼你就沒有機會去看看實際上會發生什麼事。

如果你願意嘗試，你就有可能體驗到樂趣、成功和學習的機會。如果你不嘗試，你永遠不會知道這些，你的自我價值也不會成長。

你是否能夠回想看看你上一次真的很勇敢的時候？在這裡寫下來或畫出來：

這件事給你什麼感覺？在這裡寫下來或畫出來：

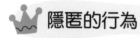隱匿的行為

尤瑟夫認為他的朋友如果知道他喜歡看書和寫詩，一定會笑他，所以他選擇不講出來——你自己是不是也有類似的祕密？其實，真正的朋友即使知道你的祕密也會尊重你，就算你們不一樣也無妨。差異之處反而可以讓友誼更有趣。

你能夠回想看看，你是否曾經發現你的朋友讓你很驚訝的事情嗎？在這裡寫下來或畫出來：

你有什麼感覺？在這裡寫下來或畫出來：

你不需要很隆重地宣布自己的祕密，你只需要在有機會的時候選擇說實話就行了。你可以練習看看你要怎麼說，或用下一章的放鬆練習來幫助你平靜地說出來。

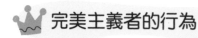 完美主義者的行為

　　你會不會像艾力克斯一樣，想把每件事做到完美，也不願意求助他人，結果把自己搞得很累？世界上沒有「完美」這種東西，期待完美表示你覺得自己永遠都不夠好。要提升自我價值感，必須讓自己適時休息，也要知道你只能盡力而為，沒有人能期待你做出超出能力範圍的事。

　　你能夠回想看看你請別人幫忙的經驗嗎？在這裡寫下來或畫出來：

後來發生了什麼事？在這裡寫下來或畫出來：

　　你也可以用第77至80頁這些步驟來改變完美主義者的行為，把任務拆解成務實的目標。這表示有些事情你必須懂得說「不」，並接納你的表現已經夠好了。如果你沒有達成你預訂的步驟，那也沒關係。

我可以再試一次

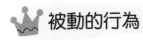 被動的行為

很多人不敢為自己挺身而出，有時候，讓別人想怎樣就怎樣好像比較省事，就像法拉一樣，不把自己的感受表現出來。但這些行為會讓你的自我價值愈來愈低，因為你開始相信你沒有其他人那麼重要。解決的辦法就是要學會如實表達自己的意見。

如實表達自己的意見，代表你能夠尊重自己和別人。一個會如實表達意見的人懂得獨立思考，並且為自己做選擇，同時傾聽別人的意見。你可以用第65至67頁的轉念技巧來翻轉被動的念頭和行為，表達出自己的主張。

例如：別人在排隊拿午餐的時候插隊。

被動的念頭	被動的行為	翻轉念頭！	自己的意見	自己的行為
應該讓他們先吃午餐	跟他們說「對不起」，然後讓他們插隊	→	我先來的，而且我和每個人都有吃午餐的權利	跟他們說「不好意思，我先排隊了。」

你可不可以回想上次你沒有替自己挺身而出的經驗？在這裡寫下來或畫出來：

後來發生了什麼事？在這裡寫下來或畫出來：

要計畫在什麼時間點或什麼地方為自己挺身而出，的確很不容易，所以你可以先練習，並且答應自己願意去嘗試。想一想你剛剛寫下的情境，這次我們要改寫結局——想像你在表達、捍衛自己的意見。你可以在腦袋裡幻想，也可以在鏡子前面演出來，然後，當你有機會可以為自己挺身而出時，你就會知道要怎麼做了。你可能會覺得很害羞，這過程可能很尷尬，可是你可以用剛學到的技巧來幫助自己完成。果敢地表達自己的意見會讓其他人對你更好，也會提升你的自尊與自我價值感。

　　請在下一頁的表格裡寫下你的主張：

如果你不知道要怎麼填，就翻到第93頁

被動的念頭	被動的行為	翻轉念頭！	自己的意見	自己的行為
		↑		

你可以用這些情境來練習看看：

- 你的朋友説他們不喜歡某個電視節目，但你自己很喜歡。

- 你的朋友答應要在午休的時候坐你旁邊，可是他們好像忘記了。

- 你在公園裡，別人偷走你的球。

- 有個惡霸在欺負你朋友。

你可以答應自己要這麼做：

- 當我知道答案，我會在班上舉手。

- 我會在小組討論的時候發言。

- 我的感覺和想法很重要，我可以説出來。

- 我可以為自己挺身而出。

- 我可以為朋友挺身而出。

我答應自己⋯

 侵略性的行為

　　斑斑想要對別人發號施令，來隱藏自己低落的自我價值感。但是讓別人心情不好是不友善的行為，而且這麼做斑斑的心情也不會比較好——事實上，這甚至還會傷害他的自我價值。我們在第93頁認識了**侵略性**的行為，而如實表達自己的意見也可以改變侵略性的行為！

　　當你覺得自己要表現出侵略性的時候，深呼吸，然後用第65至67頁的轉念技巧來把侵略性的行為翻轉為自己的意見。

　　舉例來說：有人在公園裡拿你的球來玩：

侵略性的念頭	侵略性的行為	翻轉念頭！	自己的意見	自己的行為
他們是故意的！	推他們，朝他們大吼大叫。	➜	或許他們搞錯了，我來跟他們說。	說「嘿！這是我的球。可以還給我嗎？」

> ★主張自己的想法表示你尊重自己和別人。一個會如實表達意見的人能夠獨立思考，並且為自己做選擇，同時傾聽別人的意見。

我們如實傳遞自己的想法時，也會考慮到別人的感受和自己的感受。你能夠回想看看你上次有侵略性的行為是什麼時候呢？在這裡寫下來或畫出來：

後來發生了什麼事？在這裡寫下來或畫出來：

你能夠用這個情境再練習一遍嗎？這次想像一下你要如實表達自己的意見，寫在這個表格裡：

如果你不知道怎麼填，請翻到第99頁

侵略性的念頭	侵略性的行為	翻轉念頭！	自己的意見	自己的行為
		→		

你也可以用這些情境練習看看：

- 朋友讓你看到之前你寫的作文裡面有個地方寫錯了。

- 你想嘗試一種新的運動，可是一直沒辦法練起來。

- 你在學校進行小組討論，要決定誰要負責什麼樣的工作。

這件事不容易，
但我做得很好！

想獲得注意的行為

你會不會像艾蜜莉一樣，希望大家看著你、關懷你？或是說些舒服的話讓你心情好一點？成為別人注意的焦點會讓人心情好，但如果你的自我價值感低落，那麼當別人的注意力消散時，你的好心情也就沒了。只有你自己才能提升你的自我價值感。

你可不可以回想一下，你有沒有哪些尋求別人注意力的習慣？在這裡寫下來或畫出來：

（例如，艾蜜莉的老師稱讚艾蜜莉的朋友安雅，艾蜜莉覺得有點被忽略了。她開始大聲地喊說手臂很痛，這樣老師就會關心她了。）

想要改變行為，不再刻意尋求別人的注意，你得慢慢地破除這些習慣。

把你一週內曾經尋求別人注意的經歷都記錄下來。寫下你做了什麼、做了幾次——別擔心，你的紀錄不必給任何人看。

週一	週二	週三	週四	週五	週六	週日

要改變你的行為，就從控制這些習慣著手。如果你覺得你必須獲得別人的注意，那你可以在動手之前先花幾分鐘做點別的事，你不妨可以先：

- 數到一百。

- 在心裡默唱你最喜歡的歌。

- 看看身邊有沒有彩虹的七種顏色。

這可以幫你冷靜下來，你可能會發現自己稍微分心一點，做了這些事情之後就不會想要尋求別人的注意力了。

你也可以限制自己每天尋求別人注意力的次數，請翻回上一頁看看表格，從下週開始，你能不能夠把每天尋求別人注意力的次數減半呢？

如果你想要或需要別人把注意力放在你身上，那也沒關係！你可以請大家幫忙，或是以自己做過的事情為榮，你可以試著表達自己的主張（第93頁有詳細的說明），想想別人也想想自己，因為其他人也和你一樣值得注意。

如果你可以提升自我價值感，減少尋求別人注意的行為，你會發現身邊的人開始用更正面的方式注意到你了，而你也不會在別人獲得關注的時候產生嫉妒感。

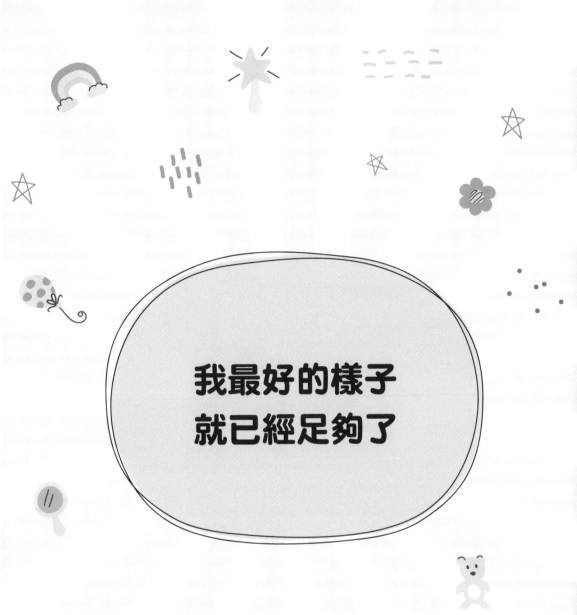

我最好的樣子
就已經足夠了

Part 4

照顧自己

 給自己時間冷靜下來

　　提升自我價值感不容易，你做得很好！我們有時難免會感覺緊繃或不開心，要照顧你的自我價值感，就要先照顧自己。

　　把時間拿來做你喜歡的活動，而不是別人認為你該做的事。你和你的朋友、你的家人一樣重要，所以請騰出時間放鬆、和朋友歡聚、或享受獨處時光，這些都是很棒的方式，可以讓你感到快樂。躲起來逃避問題從來都不是最佳解答，所以如果你想要一些個人的休息時間，就放心去休息吧！

緊繃壓力是什麼？那是什麼感覺？

想像自己捧著一個很珍貴的小東西，像是一顆寶石。雙手用盡全力，緊緊地捏著……然後放鬆。

你有沒有覺得你雙手出力的時候，全身的感覺都不一樣了？那就是緊繃壓力。當你放開的時候，那就是鬆弛的感覺。

我們難過或煩惱的時候，經常會覺得緊繃。學點放鬆的小技巧很有用，可以擊敗緊繃的壓力喔！

活動 大樹呼吸法

　　吸氣，想像你的鼻子就是這棵樹的樹幹。讓空氣往上擴散，傳遞到每一根樹枝，讓每一朵花都在枝頭綻放。

　　現在吐氣，把空氣帶到樹根。這樣反覆五次，這個大樹呼吸的活動可以協助你冷靜及控制自己的情緒。

活動 哪些活動會讓你放鬆一點？

你可以試著⋯⋯

- 去院子裡，數數看那裡有幾種葉子。

- 寫一首詩。

- 重讀你最喜歡的書。

- 畫張自畫像。

- 描寫你夢想中的遊樂場——那裡有什麼？你在那裡會聽到什麼？
  聞到什麼？看到什麼？感覺如何？

- 畫出窗外的景色。

- 把小玩具、珠珠和鈕釦拿來分類。

- 聽音樂。

- 小睡片刻。

- 看藝術作品。

- 寫信給一個對你來說很特別的人。

- 摸摸你的寵物。

- 聽著廣播一起哼唱。

- 講個好笑的笑話。

- 拿吸管從細長的水杯裡慢慢啜飲。

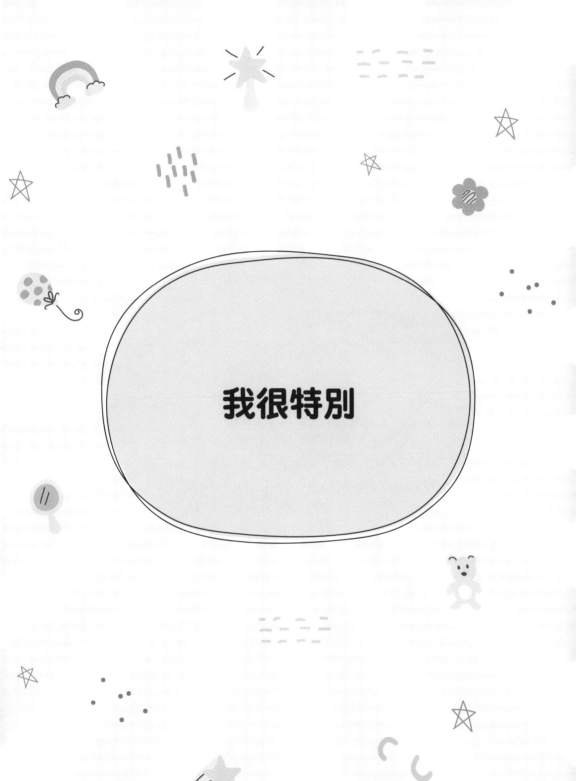

我很特别

在下圖的空格裡著色，但相鄰的格子不能同色。

★ 你隨時隨地都可以進行這個活動！你只需要色筆和一張紙。

👑 煩惱

如果你腦中的煩惱一直追著你，繞呀繞的，那就把煩惱給放出去！

如果你覺得要説出來很難為情，那就寫下來，不過如果你能夠和你信任的人分享，好好談一談，你的心情會好很多，是不是很棒！你們可以一起想想怎麼解決這個問題。

何不把你的煩惱寫在這裡，或是參考第71頁的建議開始寫日記呢？

_____

_____

_____

_____

_____

_____

_____

_____

_____

_____

_____

_____

_____

不要和別人比較

我們很容易看到朋友身上的優點，有時候要對自己寬厚仁慈卻沒那麼容易。用「你和好朋友對話」的方式來對自己說話吧！請記得，如果別人可以騎車騎很快，畫圖畫得好或是游得比你遠，往往是因為他們練習得比較多。如果你氣餒了就休息一下，但別放棄。

如果你很享受某個活動，那麼你在過程中所獲得的樂趣，也是其中很重要的一部分，你不需要每件事都拿冠軍！

但如果你有個很喜歡的活動或嗜好，只是你沒辦法如自己所願做得很好，那最好的建議就是多練習幾次。就連奧運的游泳冠軍，也是先從兒童淺水池開始的呀！

> ★犯錯表示你正在嘗試，而我們會從每個錯誤中學習到一些本來不會的事情。

 做自己

你絕對是顆星星：你的家人和朋友都愛你，因為你很特別、你很獨一無二，所以綻放自己的光芒吧！

活動　我很擅長……

　　你有哪些技能？每個人都有各自擅長的事情，寫下讓你以自己為榮的特質，或許你跑得很快、會說最好笑的笑話，又或者你的畫作特別奇幻。在下方寫出五件你擅長的事：

現在我們來寫下你想更進步的地方：

_____

_____

_____

_____

_____

_____

你可以怎麼做來提升這些技能？

_____

_____

_____

_____

_____

_____

寫下你現在**還不會**的事情或活動：

你要怎麼學會它們呢？

意見不同

假設你班上其他同學都覺得蛋糕是世界上最好吃的食物，可是你比較喜歡冰淇淋，那麼誰說的才是對的？你們都誤會了……其實你們都是正確的！你的想法不需要和別人的一樣，朋友之間不必每件事情都有同樣的看法──事實上，大家有不同的意見，這樣才更有趣。

世界上沒有兩個一模一樣的人，就連雙胞胎也不會完全一樣！我們都是獨一無二的，你見到的每個人都會和你有一些相同點和相異處。

不同意對方的意見也不用怕……想改變你的看法也不用怕哦！

你可不可以想想看，你曾經不認同朋友的什麼意見？

_____

_____

_____

_____

_____

_____

現在想想看，你自己有沒有改變過想法？

_____

_____

_____

_____

_____

_____

我不會因為別人
認為我應該怎樣就
改變自己或隱藏自己

活動　我是專家！

你有沒有在哪個主題或學科上稱得上專家？例如，我了解關於石器時代的一切，或者我很會照顧寵物，因為……

在這裡將你擅長的事情寫下來或畫出來：

活動　你最要好的朋友會用哪三個字來描述你？

當你想起自己很厲害的時候，是不是覺得心情很好呢？

 ## 感覺很棒

照顧身體超級重要！有許多簡單的方式可以讓我們維持健康，妥善照顧好自己的身體。

不一定要是體育活動——走路、鬼抓人、爬樹、跳舞都算。只要你有在動身體就算！寫愈多愈好：

_____

_____

_____

_____

_____

_____

畫出自己和波波一起玩的樣子！

> ★ 你能夠挑戰每天運動一小時嗎？不需要一次就做滿一小時，例如：
> 走路15分鐘＋鬼抓人20分鐘＋爬樹25分鐘＝1小時

　　運動不只可以讓你的身體健康，當你身體動起來時，其中有一些能帶給你好心情的特殊賀爾蒙就會釋放到大腦裡，讓你感覺很快樂！

健康飲食

像巧克力和洋芋片這些零食，偶爾吃幾口還可以，可是多吃美味的健康食物才會給你好心情，以及有充足的能量去從事你喜歡的活動。

 **活動　你最喜歡的水果和蔬菜有哪些？**

在盤子裡畫出水果塔和蔬菜塔，把你喜歡的蔬菜水果都疊上去。哪一座比較高呢？

★ 每天要盡量吃掉五份蔬菜或水果。

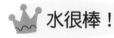 水很棒！

　　人體有百分之六十是水，我們在呼吸、流汗或排尿時，都不停在流失水分。小朋友每天至少要喝下六至八杯的水，才能維持健康和充足的水分。擁有足夠的飲水量才能幫助你長大、玩樂、學習。

你知道嗎？

★ 從開天闢地以來，地球上就一直維持著同樣的水量。水分不斷循環，所以我們每天飲用和洗滌用的水，和恐龍以前喝過的水都是同樣的水分子哦！

活動　我的臥室

疲倦的感覺很糟糕！你若有一夜好眠，心情會更愉快，也能從生活中獲得更多樂趣。你的臥室是什麼樣子？你能夠在這裡畫出來嗎？

我的臥室

★ 盡量每天都睡飽

　　如果你的臥室整齊，充滿了對你來説很特別、有趣的東西，那它將是個能讓你放鬆、寧靜的地方。如果你的房間有很多雜物，要不要分類一下，把你不玩的玩具捐給慈善機構呢？這樣你就有更多空間可以享受你喜歡的遊戲和玩具了。

　　你會很難入睡嗎？不妨試試這個方法：

　　當你躺在床上、舒服地蓋著被子，就想想你的耳垂，觸感如何？那你的下巴呢？閉上眼睛，慢慢地掃描身體各個部位，從頭頂掃描到腳跟。這會讓你睏睏的、很放鬆。

 愛你的身體

你的身體很奇妙，總共有37兆個細胞，全部一起合作來讓你呼吸、歡笑、歌唱和跳舞。你的心臟每天跳超過100,000次。神經把訊息傳遞到大腦的速度超過每小時273公里。

你的身體會隨著年紀自然變化，慢慢長大成人，這可能會讓你有些煩惱或難為情——請記得：這些變化很正常，每個人都會經歷這段過程。

身體讓人覺得不好意思，這很普遍，你一定要記得：除了你之外，沒有人可以不經過你同意就注視或碰觸你的身體。你隨時可以和家長或信任的老師談談讓你困擾、困惑的事情。

魔鏡啊魔鏡

有些人覺得有魅力很重要，但是魅力可以陪你玩老鷹抓小雞嗎？魅力可以陪你吃宵夜嗎？魅力可以在你心情低落的時候擁抱你嗎？不行，只有具備美好特質的人才有辦法做這些事。

你的身體、你的臉蛋、你的微笑……你的一切，包括你的頭髮和你的腳趾甲都是最適合你的。

請記得：**你不是為了給別人觀看而存在！** 把注意力放在快樂幸福的事情上，比浪費時間去討好別人還要重要好幾萬倍。

👑 完美星球

　　電視和雜誌上的人，看起來都好像來自完美星球的外星人，如果你覺得自己和他們長得不一樣，不像他們看起來那麼完美，這種念頭有時候會傷害你的自我價值。你知道他們用了多少特殊的照明和電腦特效，才能看起來那麼完美嗎？在真實生活裡，大家都是正常人，最棒、最有趣的人反而是那些穿著自在、表現自然的人。

　　如果有人因為你的外型而想要讓你心情不好，那麼要改變的不是你的身材、臉孔、服裝或髮型，而是他們的態度。

　　如果你會因為外型而心情低落，請記得，世上沒有完美的東西，請把你的身體當成獨特且珍貴的寶物，因為你的身體本來就是很珍貴的！

我是一顆星星

與眾不同很酷

我以自己為榮

沒人可以洩我的氣

我很棒

愛自己很重要

世上只有一個你

活動　我喜歡自己！

　　你可不可以畫下或寫下三個你最喜歡的身體部位？超過三個也沒問題！像是：我的捲髮、強壯的腿、金頭腦……

★ 每個人最有自信的身體部位都不一樣。

Part 5

計畫未來

 期望明亮的未來

希望書中的活動有助於你提升自我價值感，也傳授你一些技巧，讓你維持高自我價值感。你做得很好！你已經完成了好多活動！

現在你理解了關於自我價值感的一切，也明白你的想法和感受是怎麼運作的，你每天都可以運用你所學會的一切。

如果你感覺自我價值感有時候還是很低落的話，那也別擔心，這很正常——你可以隨時複習這本書、找個你信任的大人談談或休息放鬆一下。

活動 我的未來計畫

　　你長大以後想要成為什麼樣的人？這個問題不只是問你想從事什麼工作而已，也包括你變成大人之後想要過什麼樣的生活？你想住在哪裡？你想找樂子的時候會怎麼做？你以後會想養寵物嗎？請在這裡寫下來或畫出來。

👑 你不孤單！

大部分的小孩都會時不時感覺到心情低落，不過仍然有許多小孩和你一樣，表現出勇氣和決心來改變他們看待自己的方式、他們的世界觀，進而提升了自我價值。

8歲的露比説：「我以前真的很不想上愚蠢的體育課，我討厭賽跑。我不想賽跑，因為這是全世界校園裡最糟糕的活動了，這是事實。可是跑完以後和同班同學歡呼很好玩，而且我們班得第二名。明年我就不會那麼擔心了。」

10歲的傑克説：「去年我有兩個好朋友，可是他們經常孤立我。我以前覺得那是因為我很無聊，現在，我交了不會孤立我的新朋友，我不再覺得自己很無聊了。」

11歲的亞梅娜説：「我被霸凌了很久，那些惡霸説我很胖，説我應該躲起來。有好一陣子我都覺得他們是對的，現在，我知道我的身體沒有任何問題，是那些惡霸錯了。」

9歲的卡倫説：「我考試得到『乙』，那時候我真的很氣自己。我的朋友也得到『乙』，可是他卻對自己的成績很滿意。」

8歲的菲比説：「我要參加學校話劇或是要在集會的時候説話，都會感到很緊張，可是實際上台後，我發現其實我樂在其中。」

7歲的阿里説：「我之前參加生日派對，結果生病了，所以後來我就不再參加其他人的生日派對，避免自己再生病。不過，最後我還是去了姊姊的派對，而且也沒有生病，所以我現在覺得派對沒那麼糟了。」

11歲的貝瑟尼説：「我在學校很害羞，其他小朋友都比我聰明。我以前不敢舉手，因為怕自己答錯。數學是我最喜歡的科目，在算數學的時候我比較有信心，所以比較常舉手。當我盡力的時候心情會很好。」

11歲的愛米德説：「我有閱讀障礙，所以閱讀對我來説很困難。我不想讓朋友知道我有閱讀障礙，所以我看他們在念書時，我就會取笑他們。現在，老師讓全班都認識閱讀障礙，我就不會覺得自己很丟臉了，我也不需要靠取笑朋友來讓自己好過一點。」

7歲的提利説：「我配眼鏡的時候覺得自己看起來好呆，我會被朋友嘲笑。我假裝生病這樣就不必上學了。後來等我去上學時，我的朋友都覺得我的眼鏡看起來很酷！」

👑 尾聲！

波波很喜歡和你一起認識自我價值感，你也樂在其中嗎？當你覺得要溫習自我價值感的時候，或是看看自己完成了哪些有趣的活動時，都可以隨時翻開這本書。

你這麼認真，一定超級以自己為榮——再見了，祝你好運，請記得：綻放你的光芒！

給家長的話：你可以怎麼幫孩子提升自我價值

　　要提升孩子的自我價值感，最好以身作則。在孩子面前用溫柔仁慈的方式談論自己，就算你覺得他們沒在聽的時候也一樣！孩子有時候可能不願意承認，但你絕對是他們的榜樣，他們看著你的言行舉止，學著怎麼當大人。試著不要把注意力放在別人的外貌或別人的想法上，好好照顧你的心理健康、培養自己的興趣、讓他們看到你也是獨一無二的。

　　面對問題的時候，請試著用正面的語言，聚焦於解決方案。如果出錯了，最重要的不是馬上找出要責備的對象，或原本可以如何避免問題。請仔細地盤點情勢，想想看要怎麼逆轉、修正。

　　讓你的孩子看到你即使身為大人了，依然還在持續學習、嘗試新事物。如果你學會了一項新的技巧，請讓他們看到你第一次生澀笨拙的樣子或轉述給他們聽。要讓孩子明白抽象的概念，最好的方式就是提供我們真實的人生體驗，所以你可以聊聊你花了多久時間才考到駕照、或讓他們看看他們嬰兒時期的照片、談他們打從出生以來已經進步了多少。

　　請和孩子談一談多元的樣貌，教他們尊重別人。如果你的孩子見到每個人都能欣賞他們的不同之處，他們就比較容易相信自己很特別。

　　當孩子質疑自己的能力，大人都會忍不住想要讚美他們所完成的每一件事，可是孩子很快就知道大人的用意了。所以，讚美孩子的時候要準確一點——例如，他們若完成一幅漂亮的畫，請誇獎他們對細節上的用心，或問他們某個部分為什麼會想要那樣表達。對他們喜歡的事物表現出真誠的興趣，他們會很樂於當專家來好好說明。

　　如果你在與孩子的言談之中，感覺他們正在掙扎或沒有盡力，可以建議他們把這個過程拆分為比較小的步驟，一小步一小步地往前進。

在這個階段，同儕壓力的影響甚大，讓你的孩子知道他們自己本身就是很特別、很美好的存在。試著以正面的榜樣溫柔地鼓勵他們，給他們有啟發意義的書籍、影片和活動來餵養他們的想像力。

我希望這本書裡的資訊和活動都對你很有幫助。如果你的孩子不能體會自己有多麼美好，那實在很可惜。你願意持續地協助他們、支持他們建立自我價值，真的做得很棒！接下來有更多的建議和書單，請收下我的祝福！

其他建議

如果你擔心孩子的心理健康，請與家庭醫生討論。雖然幾乎所有孩子都會有自尊心低落的感受，但有些孩子可能需要進一步的額外幫助。關於兒童心理健康的建議和資訊，有很多出色的資源可以提供。

台灣兒科醫學會
https://www.pediatr.org.tw/
(02)2351-6446

台灣兒童青少年精神醫學會
https://www.tscap.org.tw/
(02)2568-2083

兒福聯盟
https://www.children.org.tw/
(02)2799-0333

全國家庭教育中心
https://familyedu.moe.gov.tw/
412-8185 (手機+02)

 **推薦閱讀**

《故事藥方：不想洗澡、愛滑手機、失戀了怎麼辦……給孩子與青少年的閱讀指南》（中文版）

The Story Cure: An A–Z of Books to Keep Kids Happy, Healthy and Wise

作者：Ella Berthoud and Susan Elderkin

出版社：Canongate, 2016

《消除你的自尊心小偷：給年輕人建立積極自尊心的認知行為療法工作手冊》（無中文版）

Banish Your Self-Esteem Thief: A Cognitive Behavioural Therapy Workbook on Building Positive Self-Esteem for Young People

作者：Kate Collins-Donnelly

出版社：Jessica Kingsley Publishers

《為自己和朋友挺身而出：如何面對霸凌和專橫，並尋找更好的解決之道》（無中文版）

Stand Up for Yourself & Your Friends: Dealing with Bullying and Bossiness, and Finding a Better Way

作者：Patti Kelley Criswell

出版社：American Girl Publishing

國家圖書館出版品預行編目(CIP)資料

原來我真的很棒：讓孩子長出自信、喜歡上學、順利交到朋友的29種塗寫練習 / 波比.歐尼爾(Poppy O'Neill)著；葉妍伶譯. -- 初版. -- 新北市：大樹林出版社, 2023.10
面； 公分. --（育兒經；11）
譯自：You're a star : a child's guide to self-esteem
ISBN 978-626-97562-4-7（平裝）

1.CST: 兒童心理學 2.CST: 認知治療法 3.CST: 親職教育

173.1   112013474

系列／育兒經11

原來我真的很棒

讓孩子長出自信、喜歡上學、
順利交到朋友的29種塗寫練習

You're a Star: A Child's Guide to Self-Esteem

作　　者／波比・歐尼爾（Poppy O'Neill）
譯　　者／葉妍伶
總 編 輯／彭文富
編　　輯／賴妤榛
校　　對／楊心怡
封面設計／Ancy Pi
排　　版／菩薩蠻數位文化有限公司
出 版 者／大樹林出版社
營業地址／23357 新北市中和區中山路2段530號6樓之1
通訊地址／23586 新北市中和區中正路872號6樓之2
電　　話／(02) 2222-7270 傳真／(02) 2222-1270
E - m a i l／notime.chung@msa.hinet.net
官　　網／www.gwclass.com
Facebook／www.facebook.com/bigtreebook
發 行 人／彭文富
劃撥帳號／18746459　　　戶名／大樹林出版社
總 經 銷／知遠文化事業有限公司
地　　址／222 深坑區北深路三段155 巷25 號5 樓
電　　話／02-2664-8800　　　傳　　真／02-2664-8801
初　　版／2023年10月

YOU'RE A STAR
Copyright © Summersdale Publishers Ltd, 2018
Text by Poppy O'Neill
All Rights Reserved.
Published by arrangement with Summersdale Publishers Ltd,
through LEE's Literary Agency

定價／350 元　港幣／117 元　ISBN／978-626-97562-4-7

大樹林學院
www.gwclass.com

大樹林出版社—官網

大树林学苑—微信

課程與商品諮詢

大樹林學院 — LINE